CASTRO ALVES

SÉRIE ESSENCIAL

ACADEMIA BRASILEIRA DE LETRAS

Diretoria de 2019
Presidente: *Marco Lucchesi*
Secretário-Geral: *Merval Pereira*
Primeira-Secretária: *Ana Maria Machado*
Segundo-Secretário: *Edmar Lisboa Bacha*
Tesoureiro: *José Murilo de Carvalho*

COMISSÃO DE PUBLICAÇÕES

Alfredo Bosi
Antonio Carlos Secchin
Evaldo Cabral de Mello

Série Essencial | Concepção e coordenação
Antonio Carlos Secchin

Produção editorial
Monique Mendes
Revisão
Gilberto Araújo
Projeto gráfico e Editoração eletrônica
Estúdio Castellani
Caricaturas
J. Bosco

Catalogação na fonte:
Biblioteca da Academia Brasileira de Letras

B928   Bueno, Alexei.
        Castro Alves : cadeira 7, patrono / Alexei Bueno. – Rio de Janeiro :
    Academia Brasileira de Letras ; São Paulo : Imprensa Oficial
    do Estado, 2011.
        64 p. ; 18,5 cm. – (Essencial ; 45)

        ISBN 978-85-7440-214-7 (Academia Brasileira de Letras)
        ISBN 978-85-401-0042-8 (Imprensa Oficial)

        1. Alves, Castro, 1847-1871. I. Imprensa Oficial do Estado (SP).
    II. Título: Cadeira 7, patrono. III. Série.

CDD B869.92

Esta edição adota o novo *Acordo Ortográfico da Língua Portuguesa*.

SÉRIE ESSENCIAL

CASTRO ALVES

CADEIRA 7 / PATRONO

Alexei Bueno

ACADEMIA BRASILEIRA
DE LETRAS

imprensaoficial
GOVERNO DO ESTADO DE SÃO PAULO

Castro Alves, o Borbulhar do gênio

Alexei Bueno

Antônio de Castro Alves nasceu em Curralinho, Bahia, hoje uma cidade que leva seu nome, numa fazenda às margens do Paraguaçu, a 14 de março de 1847. Filho de um médico ilustre, o Dr. Antônio José Alves, e neto materno de um dos heróis da Guerra de Independência, José Antônio da Silva Castro, o Coronel Periquitão, veio ao mundo entre os ecos heroicos das batalhas que culminaram no Dois de Julho. Sua mãe, Clélia Brasília da Silva Castro, filha natural, tinha ascendência cigana, e no espólio de memórias familiares não lhe faltaram, ao lado das reminiscências bélicas, as de violentos crimes passionais. Transferindo-se para Salvador, estudou no célebre Ginásio Baiano, de Abílio César Borges, o futuro Barão de Macaúbas, o mais conhecido educador do Império, modernizador dos processos pedagógicos com o fim dos castigos corporais, o mesmo que seria, três décadas depois, genialmente caricaturado por Raul Pompeia – seu aluno no Colégio Abílio do Rio de Janeiro – como o Professor Aristarco de *O Ateneu*. No Ginásio Baiano, condiscípulo de Rui Barbosa e aluno do grande filólogo Carneiro Ribeiro, começaria Castro Alves a escrever versos, aos 13 anos de idade, versos encomiásticos, ingênuos e formalmente bem feitos, dedicados aos anos do seu Diretor ou a importantes datas pátrias, como o Sete de Setembro e o já lembrado Dois de Julho, tema recorrente em sua obra.

Em 1862 parte o poeta para o Recife, acompanhado do irmão José Antônio, para se matricularem ambos na Faculdade de Direito daquela capital. No ano seguinte sofre uma hemoptise, deixando clara a sua propensão para a tuberculose, a então eufemisticamente denominada "fraqueza de pulmões", que significava quase uma condenação à morte para inúmeros jovens dessa época, e que já lhe roubara a mãe, quando dos seus 12 anos de idade. Em 1864, após sinais crescentes de perturbação mental, seu irmão José Antônio se suicida. A 7 de outubro desse ano, depois de tantos fatos perturbadores, escreve Castro Alves o poema "O Tísico", título depois mudado para "Mocidade e Morte". É um desses raros momentos em que podemos datar com exatidão o surgimento de um grande poeta. Após os variados versos sem expressão maior produzidos anteriormente, com "Mocidade e Morte", aos 17 anos de idade, Castro Alves alcançava a plena maturidade, dando início a uma fase de sete anos de duração, até a sua morte, em que criaria muitos dos maiores poemas da poesia brasileira e mesmo da língua portuguesa e levaria o nosso Romantismo ao seu apogeu, depois do qual só lhe restou o implacável declínio e dissolução.

Muitas das características inconfundíveis de Castro Alves estão plenamente realizadas nesse poema, a sonoridade verbal milagrosa, a riqueza metafórica, uma sensualidade quase panteísta. Após uma citação do "Adeus ao Mundo" de Laurindo Rabelo e da célebre frase da porta do Inferno de Dante, tem nele início o embate entre a ânsia orgânica pela vida e a fatalidade da doença.

A sede de viver, representada especialmente pelo impulso erótico, mais carnal em Castro Alves do que em todos os nossos outros românticos, se une, em "Mocidade e Morte", à consciência cristalina da própria grandeza, representada pelo verso que se tornou célebre: "Eu sinto em mim o borbulhar do gênio". E à confissão resignadamente desesperada contribuem as figuras bíblicas, especialmente marcantes no poeta, unidas às da mitologia clássica.

Definitivamente, o artista estava pronto, senhor de um instrumental único que se materializaria num lirismo amoroso de alturas inalcançadas entre nós, e numa poesia de caráter épico que, sem nunca perder a qualidade lírica, assumiria um papel tribunício e profético, ligado às grandes causas humanas da época, como aconteceu com tantos nomes do Romantismo universal, desde o Byron da independência grega a tantos outros por outras variadas causas. Castro Alves, sob esse aspecto, assumiria, ao lado de Gonçalves Dias – mas num aspecto atual, ao contrário do maranhense, que o representou na sagração de um passado mítico – o papel de poeta nacional, um papel inalienável para ambos. Como um Eminescu para a Romênia, como um Petöfi para a Hungria, como um Púshkin para a Rússia, como um Mickiewicz para a Polônia, como Solomos para a Grécia, ou como Martí – retornando ao nosso continente – para Cuba, Castro Alves representa para o Brasil a figura tipicamente romântica do poeta-herói, obviamente o Castro Alves da poesia social e abolicionista, papel esse já conscientemente reivindicado e assumido por ele próprio no grande poema "O Vidente". É característico, vale a pena notar, das literaturas de países que não passaram pela Renascença, como os do Leste europeu e os das Américas, esse aparecimento dos poetas nacionais no Romantismo, movimento coevo à independência de muitos deles.

Na verdade, a divisão temática da obra de Castro Alves não se restringe ao binômio amatório e social/patriótico, há uma terceira vertente, e de grande importância, que podemos chamar de reflexiva, em parte autobiográfica, tratando de certos motivos centrais de toda a poesia, a morte, a passagem do tempo, a contemplação da natureza, em poemas como "A Boa Vista", "*Sub Tegmine Fagi*", "Quando Eu Morrer" e tantos outros, como a belíssima balada dialogal "O Fantasma e a Canção", a respeito da imortalidade da poesia, metonímia da arte. O régio fantasma em busca de um abrigo, após descrever a transitoriedade de tudo, tem finalmente a porta aberta pela personagem misteriosa com quem dialoga, e que não passa da própria poesia, a salvadora canção.

Poema no qual, além da riqueza metafórica sem paralelo no nosso Romantismo, deparamo-nos com aquela simples e insubstituível carga emocional da pura oralidade: "Bati a todas as portas / Nem uma só me acolheu!..." Nesses dois versos de perfeita singeleza, sente-se uma dor pungente, essa carga emotiva que as línguas outorgam a suas mais corriqueiras construções verbais, fenômeno que foi percebido com acuidade ímpar por nossos românticos, Gonçalves Dias, Casimiro de Abreu, Fagundes Varela, o poeta de *Os Escravos*.

No capítulo do lirismo amoroso, as peças capitais se multiplicam na obra de Castro Alves. Fácil de paixões, como bom romântico, criou obras-primas no gênero, desde os primeiros encantamentos não realizados até o último e frustrado romance com a cantora italiana Agnese Trinci Murri, que, diga-se de passagem, passou o resto da vida, em seu país natal, reverenciando o poeta havia décadas desaparecido. Dos nossos românticos, na verdade, Gonçalves Dias e Castro Alves foram os dois únicos e autênticos *coureurs de femmes*, apesar da vida breve do primeiro e brevíssima do segundo. Entre essas musas do poeta baiano dominou, sem dúvida alguma, Eugênia Câmara, a atriz portuguesa com quem viveu o mais longo e o mais conturbado dos seus relacionamentos, figura célebre nos palcos da época, versejadora a suas horas e dez anos mais velha que o amante. Das obras-primas do gênero não podemos deixar de lembrar "Hebreia", inspirada pela bela judia Esther Amzalak.

A inesgotável fonte de citações bíblicas, que sempre acompanhou Castro Alves, une-se nesse poema a uma musicalidade lenta, quase indolente, como numa modorra nascida do calor dos desertos do Oriente, impressão que dominará inclusive muito de sua visão da África, como veremos, não fosse ele um entusiasmado leitor de Victor Hugo, o Victor Hugo de *Les Orientales*.

Entre os grandes poemas de seu lirismo amoroso, ou a ele diretamente ligado, é preciso lembrar também "Hino ao Sono", "O Hóspede", "A Volta da Primavera", "Adormecida", "Adeus", "Boa Noite", onde, a partir do tema shakespeariano do despertar dos amantes e da necessidade da partida, o poeta cria algumas de suas mais belas imagens amatórias:

É noite ainda! Brilha na cambraia
– Desmanchado o roupão, a espádua nua –
O globo de teu peito entre os arminhos
Como entre as névoas se balouça a lua...

Até chegar, um mês antes de sua morte, ao extraordinário poema "Aquela Mão", também inspirado por Agnese Trinci Murri, poema de um delírio fetichista e de uma riqueza de comparações e metáforas sem paralelo entre nós. A partir da imagem real das mãos da amada movendo-se sobre o teclado de um piano, a série de metamorfoses sugeridas pela visão concreta se desenvolve num crescendo, atingindo afinal um estado extático semirreligioso, cósmico.

Espécie de síntese de toda a poesia amorosa de Castro Alves, síntese estética e autobiográfica, temos a série de sete sonetos, com uma introdução em seis sextetos, "Os Anjos da Meia-Noite", título possivelmente oriundo de uma peça de teatro célebre na época, *O Anjo da Meia-Noite*, traduzida, aliás, por Machado de Assis. São os maiores sonetos do Romantismo brasileiro, desfile espectral de amantes mortas ou abandonadas, culminando numa última e misteriosa "sombra", antevisão, na verdade, das duas realidades que acompanhariam o final da vida do poeta, soneto de uma imaterialidade que já nos aproxima – o mesmo que ocorre em outros trechos da obra de Castro Alves – do Simbolismo.

No vasto campo da poesia social, há duas vertentes na atividade de Castro Alves, uma mais patriótica, heroica, resultando nos versos mais bélicos – exceção feita a Gonçalves Dias – da poesia brasileira, como na célebre "Ode ao Dois de Julho" de 1868, de um fragor guerreiro como pouco se ouviu em português depois de *Os Lusíadas*; ou em "Pedro Ivo", sobre o famoso herói da Revolução Praieira de Pernambuco, figura tipicamente romântica – assunto no qual, no entanto, foi superado por Álvares de Azevedo, com a sua ode do mesmo nome; ou num poema de notável monumentalidade, como "A Visão dos Mortos", embora esse tangencie diretamente a poesia abolicionista, a sua segunda e mais célebre vertente; ou baseado em episódios da história pátria, como em "Jesuítas". Curioso é o fato de o maior conflito militar da história brasileira, a Guerra do Paraguai, perfeitamente contemporânea do último Romantismo, não ter inspirado um único grande poema aos vates da época, regra à qual Castro Alves não fez exceção, pondo de lado, ao recolher as peças para o seu *Espumas Flutuantes*, único livro publicado em vida, em 1870, o "Pesadelo de Humaitá", poema seguramente inferior à sua média, obra mais ou menos improvisada pela qual foi ovacionado no Rio de Janeiro, em março de 1868.

Os Escravos e *A Cachoeira de Paulo Afonso*, dois livros póstumos, enfeixam os magníficos poemas que outorgaram a Castro Alves, além dos louros do gênio, os de herói nacional. Se buscava o poeta uma causa, não podia tê-la escolhido melhor, e a sinceridade de sua adesão está acima de qualquer suspeita. Se o tráfico fora proibido em 1850, pela Lei Eusébio de Queirós – ainda que o contrabando nunca haja realmente terminado – a questão da escravatura continuava envergonhando e mobilizando o país, como continuaria ainda por 17 anos após a morte do poeta, até a dura e renhida batalha que conduziu à Lei Áurea. Dois meses depois do seu falecimento, era assinada a Lei do Ventre Livre, em 28 de setembro de 1871, lei que, na verdade, ainda que marcasse para 1892 o fim da escravidão no Brasil, e obviamente por isso mesmo, não libertou ninguém, já que os filhos de escravos nascidos a partir daquela data continuariam escravos, ou melhor, "ingênuos", até os 21 anos. O tema da Abolição, portanto, era o mais candente possível na época de Castro Alves, ainda que críticos do século XX tenham chegado a desfazer de "O Navio Negreiro" por ter sido escrito em 1868, ou seja, dezoito anos após o fim oficial do tráfico, como se o contrabando não tivesse continuado até a Abolição, e como se o poeta não pudesse tratar de um fato que, mesmo anacrônico, o que não era verdade, foi o elemento que possibilitou a escravidão negra por quase quatro séculos.

14 SÉRIE ESSENCIAL

Se "O Vidente", peça de grandeza ímpar, sobre a qual já falamos, foi o poema programático do poeta-vate, o que mais nos causa admiração na série de obras-primas inspiradas pelo tema da escravidão é a sua variedade de registro, abarcando do lirismo mais intenso ao bélico mais feroz, do lirismo íntimo de certas seções de *A Cachoeira de Paulo Afonso* à invectiva do tribuno, como na espantosa oralidade que encerra "O Navio Negreiro". Exemplo perfeito do seu lirismo abolicionista podemos encontrar no comovente "Antítese", inspirado pela Lei dos Sexagenários, ou em "A Cruz da Estrada", quase uma *lied*, um dos poemas líricos mais perfeitos da poesia brasileira.

Em tal poema se percebe, outrossim, o agudo senso da natureza de Castro Alves, extraordinário paisagista, espírito arraigadamente visual, como aliás seu mestre Victor Hugo, que, além da intrínseca capacidade de projeção visual que sentimos em sua literatura, foi dos maiores artistas gráficos franceses de sua época. Sem se aproximar de tal qualidade plástica, Castro Alves sempre desenhou, como mais tarde Raul Pompeia ou Aluísio Azevedo.

No registro diametralmente oposto desse lirismo, encontramos os grandes poemas abolicionistas de força épica, "Bandido Negro", "Saudação a Palmares", "Vozes d'África" – apóstrofe genial a Deus dirigida por um continente africano com cores na verdade mais árabes que negras, mais da África do Norte que da subsaariana, como bem observou Alberto da Costa e Silva – e, finalmente, "O Navio Negreiro". Este seu poema mais célebre merece análise detida, tal a sua riqueza poética e estrutural.

Dividido em seis movimentos, o primeiro se desenvolve através de uma série de comparações, de intensa originalidade e estesia, entre as duas grandezas que formam o cenário do drama, o céu e o oceano, e é bom lembrar que o subtítulo do poema é justamente "Tragédia no Mar":

Após tais estrofes de extrema beleza, o poeta se dirige ao albatroz, "águia do oceano", para pedir-lhe de empréstimo as asas. Será através dos olhos do albatroz que terá início o mergulho, o *travelling* descendente, o *plongé* que é o fio desse poema de visualidade quase cinematográfica, tal como um *travelling* descendente conduzirá, anos depois, o fio inexorável e genial de *Os Sertões*, de Euclides da Cunha, debruçando-se sobre outra tragédia nacional. O segundo movimento, dirigido aos nautas de todos os países e épocas, de alta qualidade lírica, funciona como uma espécie de *scherzo*, um anticlímax do que virá depois.

Na terceira parte, a mais curta de todas, composta de apenas uma estrofe, o poeta mergulha com o albatroz, e se depara com o fulcro da composição, a cena horrenda, fortemente expressionista, dos escravos obrigados a dançar, ao som dos chicotes, prática realmente utilizada nos navios negreiros com o objetivo de diminuir a alta mortalidade das "peças d'África", obrigando-as a movimentar-se ao sol e ao ar livre, para combater os efeitos deletérios da longa viagem nos porões, como vem pintado na seção seguinte.

A quinta seção, talvez a mais impressionante do poema, inicia-se como uma aceleração súbita, um *presto* irresistível, apostrofando a Deus e aos elementos da natureza por seu silêncio perante a desgraça humana, e em relação a esses de uma maneira que diríamos pudovkiniana.

É de se notar, nessa seção, a brusca e sapientíssima mudança de tom da terceira estrofe, quando à pergunta se sucede a resposta, iniciando um momento de exaltação da vida originariamente livre das vítimas daquela atrocidade. Então, num golpe de teatro, e vale a pena lembrar que foi num teatro que pela primeira vez o poema foi recitado por seu autor aos 21 anos de idade, chegamos à sexta e última seção, quando o poeta pergunta e responde sob qual bandeira navega e se abriga o "brigue imundo", causando ao público, sem a menor dúvida, aquele *stupore* a que almejavam os arquitetos barrocos. As estrofes, não por acaso, são oitavas heroicas, metro de eleição da epopeia nas línguas neorromânicas. É fácil avaliar o efeito avassalador dessas três oitavas, excetuando para aqueles que retiram do campo do poético toda a capacidade de *pathos* e de catarse coletiva que ela possa ter, como muitas vezes teve.

"O Navio Negreiro", à frente de toda a admirável floração dos poemas sobre a escravatura, teve ação real na difusão abolicionista no Brasil, um poder que a poesia nunca alcançou nem antes nem depois entre nós. Muito se falou de suas possíveis fontes, o interessante poema satírico de Heine, "*Das Sklavenschiff*", ou uma canção de Béranger, "*Les Nègres et les Marionettes*", mas, para além da absoluta superioridade do poema brasileiro, parece-nos que um baiano do século XIX teria tudo para estar mais exatamente informado das práticas e vezos do tráfico marítimo de escravos do que o francês e o alemão. Se há uma obra, mas de outra arte, que podemos aproximar de "O Navio Negreiro", é o extraordinário quadro de Turner do mesmo nome, *The Slave Ship*, de 1840, baseado num episódio sórdido e verídico da história da marinha britânica. Apesar do poeta, obviamente, nunca ter ouvido falar dele, muito menos tê-lo visto, há uma estranha semelhança na visão prévia que guiou os dois grandes artistas, separados na forma de expressão, no espaço e no tempo, na interpretação da mesma temática. O epílogo dessa vertente social da poesia de Castro Alves, sempre acompanhada, até sua morte, da poesia lírica, reflexiva e confessional – desta basta lembrar "*Coup d'Étrier*", espécie de despedida emocionada e panteísta do poeta condenado pela tuberculose – encontra-se em *A Cachoeira de Paulo Afonso*, poema narrativo composto de vários poemas independentes, complexa e enredada trama que envolve os protagonistas, os escravos Lucas e Maria, até a loucura desta e a morte dos dois, dentro de uma canoa, despenhando-se pela Cachoeira de Paulo Afonso. O poeta da paisagem brasileira sem igual que foi Castro Alves aí atinge o ápice do gênero, em "Crespúsculo Sertanejo", na descrição titânica, também em oitavas heroicas, de "A Cachoeira", ou num quadro de cromatismo e movimento únicos como "A Queimada".

O penúltimo poema de *A Cachoeira de Paulo Afonso*, "Loucura Divina", que termina naturalmente no poema seguinte, de uma só estrofe, "À Beira do Abismo e do Infinito", é, sem dúvida, o grande momento dramático da poesia de Castro Alves, aquele que ele não pôde alcançar na prosa do drama *Gonzaga*, especialmente escrito para Eugênia Câmara e representado em São Paulo em outubro de 1868. A um instante de serem tragados pelo abismo de águas e de rocha, um Lucas lúcido e uma Maria enlouquecida dialogam. Nos sinais que ele vê da morte próxima de ambos, ela vê os do seu irealizado matrimônio. É um grande momento da poesia romântica de qualquer país, com as metáforas naturais e as antíteses, típicas do autor, conduzindo o leitor a uma espécie de estesia extática.

Após uma exaustiva atividade estética e política entre as cidades das duas Faculdades de Direito, curso que nunca concluiu, Recife e São Paulo; entre a Corte – onde foi inicialmente saldado em correspondência aberta entre Machado de Assis e José de Alencar, em 1868 – e a capital de sua província, ou seja, Rio de

Janeiro e Salvador; após os desgostos e o rompimento com Eugênia Câmara; e o desastrado tiro no pé, de que foi vítima numa caçada na capital paulista; e a amputação do mesmo, no Rio de Janeiro, tudo formando a voragem de uma vida meteórica, Castro Alves morreu em 6 de julho de 1871, aos 24 anos de idade, no palacete do Sodré, velho solar seiscentista, em Salvador, quatro dias após as festas do Dois de Julho, que ele tantas vezes cantara. Além da extraordinária obra poética deixava traduções em verso da mais alta qualidade, e, sobretudo, esse "odor de genialidade" que já o acompanhara plenamente em vida, coisa tão rara, e com o qual morreu. Sua curta vida, comum a quase todos os seus êmulos de escola, não permitiu que se dispersasse em nada que não fosse aquilo que representa os altos ideais humanos, amor, arte, justiça, embora não nos caiba supor que com mais longa vida sua trajetória fosse diferente. Deixou exatamente o que planejara, as "espumas flutuantes" de seus versos, cumprindo o que havia augurado numa quadra esparsa, depois batizada "Numa Página", que rabiscara num seu álbum em 1870, em Curralinho, sua terra natal, um ano antes de desaparecer:

Horas de tédio ou de amorosa esp'rança,
– Meteoros da vida!... errantes astros!...
Fugi!... porém que fique uma lembrança!
Passai!... deixando os perfumosos rastros!...

Mocidade e Morte*

E perto avisto o porto
Imenso, nebuloso, e sempre noite
Chamado – Eternidade!
Laurindo.

Lasciate ogni speranza, voi ch'entrate.
Dante.

Oh! Eu quero viver, beber perfumes
Na flor silvestre, que embalsama os ares;
Ver minh'alma adejar pelo infinito,
Qual branca vela n'amplidão dos mares.
No seio da mulher há tanto aroma...
Nos seus beijos de fogo há tanta vida...
Árabe errante, vou dormir à tarde
À sombra fresca da palmeira erguida.

Mas uma vez responde-me sombria:
Terás o sono sob a lájea fria.

---

* *In: Obra Completa.* [*Espumas Flutuantes*]. Org. Eugênio Gomes. Rio de Janeiro: Nova Aguilar, 1960, pp. 88-90.

Morrer... quando este mundo é um paraíso,
E a alma um cisne de douradas plumas:
Não! o seio da amante é um lago virgem...
Quero boiar à tona das espumas.
Vem! formosa mulher – camélia pálida,
Que banharam de pranto as alvoradas.
Minh'alma é a borboleta, que espaneja
O pó das asas lúcidas, douradas...

E a mesma vez repete-me terrível,
Com gargalhar sarcástico: – impossível!

Eu sinto em mim o borbulhar do gênio.
Vejo além um futuro radiante:
Avante! – brada-me o talento n'alma
E o eco ao longe me repete – avante! –
O futuro... o futuro... no seu seio...
Entre louros e bênçãos dorme a glória!
Após – um nome do universo n'alma,
Um nome escrito no Panteon da história.

E a mesma voz repete funerária: –
Teu Panteon – a pedra mortuária!

Morrer – é ver extinto dentre as névoas
O fanal, que nos guia na tormenta:
Condenado – escutar dobres de sino,
– Voz da morte, que a morte lhe lamenta –
Ai! morrer – é trocar astros por círios,
Leito macio por esquife imundo,
Trocar os beijos da mulher – no visco
Da larva errante no sepulcro fundo.

Ver tudo findo... só na lousa um nome,
Que o viandante a perpassar consome.

E eu sei que vou morrer... dentro em meu peito
Um mal terrível me devora a vida:
Triste Ahasverus, que no fim da estrada,
Só tem por braços uma cruz erguida.
Sou o cipreste, qu'inda mesmo flórido,
Sombra de morte no ramal encerra!
Vivo – que vaga sobre o chão da morte,
Morto – entre os vivos a vagar na terra.

Do sepulcro escutando triste grito
Sempre, sempre bradando-me: maldito! –

E eu morro, ó Deus! na aurora da existência,
Quando a sede e o desejo em nós palpita...
Levei aos lábios o dourado pomo,
Mordi no fruto podre do Asfaltita.
No triclínio da vida – novo Tântalo –
O vinho do viver ante mim passa...
Sou dos convivas da legenda Hebraica,
O 'stilete de Deus quebra-me a taça.

É que até minha sombra é inexorável,
Morrer! morrer! soluça-me implacável.

Adeus, pálida amante dos meus sonhos!
Adeus, vida! Adeus, glória! amor! anelos!
Escuta, minha irmã, cuidosa enxuga
Os prantos de meu pai nos teus cabelos.
Fora louco esperar! fria rajada
Sinto que do viver me extingue a lampa...
Resta-me agora por futuro – a terra,
Por glória – nada, por amor – a campa.

Adeus! arrasta-me uma voz sombria
Já me foge a razão na noite fria!

O Fantasma e a Canção*

> *Orgulho! desce os olhos dos céus*
> *sobre ti mesmo, e vê como os nomes*
> *mais poderosos vão-se refugiar numa*
> *canção.*

BYRON

– Quem bate? – "A noite é sombria!"
– Quem bate? – "É rijo o tufão!..."
Não ouvis? a ventania
Ladra à lua como um cão.
– Quem bate? – "O nome qu'importa?
Chamo-me dor... abre a porta!
Chamo-me frio... abre o lar!
Dá-me pão... chamo-me fome!
Necessidade é o meu nome!"
– Mendigo! podes passar!

"Mulher, se eu falar, prometes
A porta abrir-me?" – Talvez.
– "Olha... Nas cãs deste velho

---

* *In: Obra Completa.* [*Espumas Flutuantes*]. Org. Eugênio Gomes. Rio de
Janeiro: Nova Aguilar, 1960, pp. 95-7.

Verás fanados lauréis.
Há no meu crânio enrugado
O fundo sulco traçado
Pela c'roa imperial.
Foragido, errante espectro,
Meu cajado – já foi cetro!
Meus trapos – manto real!"

– Senhor, minha casa é pobre...
Ide bater a um solar!
– "De lá venho... O Rei-fantasma
Baniram do próprio lar.
Nas largas escadarias,
Nas vetustas galerias,
Os pajens e as cortesãs
Cantavam!... Reinava a orgia!...
Festa! Festa! E ninguém via
O Rei coberto de cãs!"

– Fantasma! Aos grandes, que tombam,
É palácio o mausoléu!
– "Silêncio! De longe eu venho...
Também meu túm'lo morreu.
O século – traça que medra

Nos livros feitos de pedra –
Rói o mármore, cruel.
O tempo – Átila terrível
Quebra co'a pata invisível
Sarcófago e capitel.

"Desgraça então para o espectro,
Quer seja Homero ou Solon,
Se, medindo a treva imensa
Vai bater ao Panteon...
O motim – Nero profano –
No ventre da cova insano
Mergulha os dedos cruéis.
Da guerra nos paroxismos
Se abismam mesmo os abismos
E o morto morre outra vez!

Então, nas sombras infindas,
S'esbarram em confusão
Os fantasmas sem abrigo
Nem no espaço, nem no chão...
As almas angustiadas,
Como águias desaninhadas,
Gemendo voam no ar.

E enchem de vagos lamentos
As vagas negras dos ventos,
Os ventos do negro mar!

"Bati a todas as portas
Nem uma só me acolheu!...
– "Entra! –: Uma voz argentina
Dentro do lar respondeu.
– "Entra, pois! Sombra exilada,
Entra! O verso – é uma pousada
Aos reis que perdidos vão.
A estrofe – é a púrpura extrema,
Último trono – é o poema!
Último asilo – a Canção!..."

Bahia, 13 de dezembro de 1869

CASTRO ALVES

Ode ao Dois de Julho*

(Recitada no teatro de São Paulo)

Era no Dois de Julho. A pugna imensa
Travara-se nos serros da Bahia...
O anjo da morte pálido cosia
Uma vasta mortalha em Pirajá.
Neste lençol tão largo, tão extenso,
Como um pedaço roto do infinito...
O mundo perguntava erguendo um grito:
"Qual dos gigantes morto rolará?!..."

Debruçados do céu... a noite e os astros
Seguiam da peleja o incerto fado...
Era a tocha – o fuzil avermelhado!
Era o circo de Roma – o vasto chão!
Por palmas – o troar da artilharia!
Por feras – os canhões negros rugiam!
Por atletas – dois povos se batiam!
Enorme anfiteatro – era a amplidão!

---

* *In: Obra Completa.* [*Espumas Flutuantes*]. Org. Eugênio Gomes. Rio de Janeiro: Nova Aguilar, 1960, pp. 154-5.

Não! Não eram dois povos, que abalavam
Naquele instante o solo ensanguentado...
Era o porvir – em frente do passado,
A liberdade – em frente à escravidão.
Era a luta das águias – e do abutre,
A revolta do pulso – contra os ferros,
O pugilato da razão – com os erros,
O duelo da treva – e do clarão!...

No entanto a luta recrescia indômita...
As bandeiras – como águias eriçadas –
Se abismavam com as asas desdobradas
Na selva escura da fumaça atroz...
Tonto de espanto, cego de metralha
O arcanjo do triunfo vacilava...
E a glória desgrenhada acalentava
O cadáver sangrento dos heróis!...
....
Mas quando a branca estrela matutina
Surgiu do espaço... e as brisas forasteiras
No verde leque das gentis palmeiras
Foram cantar os hinos do arrebol,
Lá do campo deserto da batalha
Uma voz se elevou clara e divina:

Eras tu – liberdade peregrina!
Esposa do porvir – noiva do sol!...

Eras tu que com os dedos ensopados
No sangue dos avós mortos na guerra,
Livre sagravas a Colúmbia terra,
Sagravas livre a nova geração!
Tu que erguias, subida na pirâmide,
Formada pelos mortos do Cabrito,
Um pedaço de gládio – no infinito...
Um trapo de bandeira – n'amplidão!...

São Paulo, julho de 1868

Os Anjos da Meia-Noite*

FOTOGRAFIAS

I

Quando a insônia, qual lívido vampiro,
Como o arcanjo da guarda do Sepulcro,
    Vela à noite por nós,
E banha-se em suor o travesseiro,
E além geme nas franças do pinheiro
    Da brisa a longa voz...

Quando sangrenta a luz no alampadário
Estala, cresce, expira, após ressurge,
    Como uma alma a penar;
E canta aos guizos rubros da loucura
A febre – a meretriz da sepultura –
    A rir e a soluçar...

Quando tudo vacila e se evapora,
Muda e se anima, vive e se transforma,
    Cambaleia e se esvai...
E da sala na mágica penumbra...

---

* In: *Obra Completa*. [*Espumas Flutuantes*]. Org. Eugênio Gomes. Rio de Janeiro: Nova Aguilar, 1960, pp. 170-5.

Um mundo em trevas rápido se obumbra...
E outro das trevas sai...

....

Então... nos brancos mantos, que arregaçam
Da meia-noite os Anjos alvos passam
Em longa procissão!
E eu murmuro ao fitá-los assombrado:
São os Anjos de amor de meu passado
Que desfilando vão...

Almas, que um dia no meu peito ardente
Derramastes dos sonhos a semente,
Mulheres, que eu amei!
Anjos louros do céu! virgens serenas!
Madonas, Querubins, ou Madalenas!
Surgi! aparecei!

Vinde, fantasmas! Eu vos amo ainda;
Acorde-se a harmonia à noite infinda
Ao roto bandolim...

....

E no éter, que em notas se perfuma,
As visões s'alteando uma por uma...
Vão desfilando assim!...

[...]

3.ª Sombra
Ester

Vem! no teu peito cálido e brilhante
O nardo oriental melhor transpira!...
Enrola-te na longa caxemira,
Como as Judias moles do Levante,

Alva a clâmide aos ventos – roçagante...,
Túmido o lábio, onde o saltério gira...
Ó musa de Israel! pega da lira...
Canta os martírios de teu povo errante!

Mas não... brisa da pátria além revoa,
E ao delamber-lhe o braço alabastro,
Falou-lhe de partir... e parte... e voa...

Qual nas algas marinhas desce um astro...
Linda Ester! teu perfil se esvai... s'escoa...
Só me resta um perfume... um canto... um rastro...

4.ª Sombra
Fabíola

Como teu riso dói... como na treva
Os lêmures respondem no infinito:
Tens o aspecto do pássaro maldito,
Que em sânie de cadáveres se ceva!

Filha da noite! A ventania leva
Um soluço de amor pungente, aflito...
Fabíola! É teu nome!... Escuta... é um grito,
Que lacerante para os céus s'eleva!...

E tu folgas, Bacante dos amores,
E a orgia, que a mantilha te arregaça,
Enche a noite de horror, de mais horrores...

É sangue, que referve-te na taça!
É sangue, que borrifa-te estas flores!
E este sangue é meu sangue... é meu... Desgraça!

[...]

8.ª Sombra
Último Fantasma

Quem és tu, quem és tu, vulto gracioso,
Que te elevas da noite na orvalhada?
Tens a face nas sombras mergulhada...
Sobre as névoas te libras vaporoso...

Baixas do céu num voo harmonioso!...
Quem és tu, bela e branca desposada?
Da laranjeira em flor a flor nevada
Cerca-te a fronte, ó ser misterioso!...

Onde nos vimos nós?... És doutra esfera?
És o ser que eu busquei do sul ao norte...
Por quem meu peito em sonhos desespera?...

Quem és tu? Quem és tu? – És minha sorte!
És talvez o ideal que est'alma espera!
És a glória talvez! Talvez a morte!...

Santa Isabel, agosto de 1870

Coup d'Étrier*

É preciso partir! Já na calçada
Retinem as esporas do arrieiro;
Da mula a ferradura tacheada
Impaciente chama o cavaleiro;
A espaços ensaiando uma toada
Sincha as bestas o lépido tropeiro...
Soa a celeuma alegre da partida,
O pajem firma o loro e empunha a brida.

Já do largo deserto o sopro quente
Mergulha perfumado em meus cabelos.
Ouço das selvas a canção candente
Segredando-me incógnitos anelos.
A voz dos servos pitoresca, ardente
Fala de amores férvidos, singelos...
Adeus! Na folha rota de meu fado
Traço ainda um – adeus – ao meu passado.

---

* *In: Obra Completa.* [*Espumas Flutuantes*]. Org. Eugênio Gomes. Rio de Janeiro: Nova Aguilar, 1960, pp. 205-6.

Um adeus! E depois morra no olvido
Minha história de luto e de martírio,
As horas que eu vaguei louco, perdido
Das cidades no tétrico delírio;
Onde em pântano turvo, apodrecido
D'íntimas flores não rebenta um lírio...
E no drama das noites do prostíbulo
É mártir – a alma... a saturnal – patíbulo!

Onde o gênio sucumbe na asfixia
Em meio à turba alvar e zombadora;
Onde Musset suicida-se na orgia,
E Chatterton na fome aterradora!
Onde, à luz de uma lâmpada sombria,
O Anjo da Guarda ajoelhado chora,
Enquanto a cortesã lhe apanha os prantos
P'ra realce dos lúbricos encantos!...

Abre-me o seio, ó Madre Natureza!
Regaços da floresta americana,
Acalenta-me a mádida tristeza
Que da vaga das turbas espadana.
Troca dest'alma a fria morbideza
Nessa ubérrima seiva soberana!...
O Pródigo... do lar procura o trilho...
Natureza! Eu voltei... e eu sou teu filho!

Novo alento selvagem, grandioso
Trema nas cordas desta frouxa lira.
Dá-me um plectro bizarro e majestoso,
Alto como os ramais da sicupira.
Cante meu gênio o dédalo assombroso
Da floresta que ruge e que suspira,
Onde a víbora lambe a parasita...
E a onça fula o dorso pardo agita!

Onde em cálix de flor imaginária
A cobra de coral rola no orvalho,
E o vento leva a um tempo o canto vário
D'araponga e da serpe de chocalho...
Onde a soidão é o magno estradivário...
Onde há músc'los em fúria em cada galho,
E as raízes se torcem quais serpentes...
E os monstros jazem no ervaçal dormentes.

E se eu devo expirar... se a fibra morta
Reviver já não pode a tanto alento...
Companheiro! Uma cruz na selva corta
E planta-a no meu tosco monumento!...
Da chapada nos ermos... (o qu'importa?)
Melhor o inverno chora... e geme o vento.
E Deus para o poeta o céu desata
Semeado de lágrimas de prata!...

Curralinho, 1 de junho de 1870

A Cruz na Estrada*

Invideo quia quiescunt.
Lutero, *Worms.*

Tu que passas, descobre-te! Ali dorme
O forte que morreu.
A. Herculano (trad.)

Caminheiro que passas pela estrada,
Seguindo pelo rumo do sertão,
Quando vires a cruz abandonada,
Deixa-a em paz dormir na solidão.

Que vale o ramo do alecrim cheiroso
Que lhe atiras nos braços ao passar?
Vais espantar o bando buliçoso
Das borboletas, que lá vão pousar.

É de um escravo humilde sepultura,
Foi-lhe a vida o velar de insônia atroz.
Deixa-o dormir no leito de verdura,
Que o Senhor dentre as selvas lhe compôs.

---

* *In: Obra Completa.* [*Os Escravos*]. Org. Eugênio Gomes. Rio de Janeiro: Nova Aguilar, 1960, pp. 239-40.

Não precisa de ti. O gaturamo
Geme, por ele, à tarde, no sertão.
E a juriti, do taquaral no ramo,
Povoa, soluçando, a solidão.

Dentre os braços da cruz, a parasita,
Num braço de flores, se prendeu.
Chora orvalhos a grama, que palpita;
Lhe acende o vaga-lume o facho seu.

Quando, à noite, o silêncio habita as matas,
A sepultura fala a sós com Deus.
Prende-se a voz na boca das cascatas,
E as asas de ouro aos astros lá nos céus.

Caminheiro! do escravo desgraçado
O sono agora mesmo começou!
Não lhe toques no leito de noivado,
Há pouco a liberdade o desposou.

Recife, 25 de junho de 1865

O Navio Negreiro*

TRAGÉDIA NO MAR

I

'Stamos em pleno mar... Doido no espaço
Brinca o luar – dourada borboleta;
E as vagas após ele correm... cansam
Como turba de infantes inquieta.

'Stamos em pleno mar... Do firmamento
Os astros saltam como espumas de ouro...
O mar em troca acende as ardentias,
– Constelações do líquido tesouro...

'Stamos em pleno mar... Dois infinitos
Ali se estreitam num abraço insano,
Azuis, dourados, plácidos, sublimes...
Qual dos dois é o céu? qual o oceano?...

'Stamos em pleno mar... Abrindo as velas
Ao quente arfar das virações marinhas,
Veleiro brigue corre à flor dos mares,
Como roçam na vaga as andorinhas...

---

* *In: Obra Completa.* [*Os Escravos*]. Org. Eugênio Gomes. Rio de Janeiro:
Nova Aguilar, 1960, pp. 277-84.

Donde vem? onde vai? Das naus errantes
Quem sabe o rumo se é tão grande o espaço?
Neste saara os corcéis o pó levantam,
Galopam, voam, mas não deixam traço.

Bem feliz quem ali pode nest'hora
Sentir deste painel a majestade!
Embaixo – o mar em cima – o firmamento...
E no mar e no céu – a imensidade!

Oh! que doce harmonia traz-me a brisa!
Que música suave ao longe soa!
Meu Deus! como é sublime um canto ardente
Pelas vagas sem fim boiando à toa!

Homens do mar! ó rudes marinheiros,
Tostados pelo sol dos quatro mundos!
Crianças que a procela acalentara
No berço destes pélagos profundos!

Esperai! esperai! deixai que eu beba
Esta selvagem, livre poesia
Orquestra – é o mar, que ruge pela proa,
E o vento, que nas cordas assobia...
....

Por que foges assim, barco ligeiro?
Por que foges do pávido poeta?
Oh! quem me dera acompanhar-te a esteira
Que semelha no mar – doido cometa!

Albatroz! Albatroz! águia do oceano,
Tu que dormes das nuvens entre as gazas,
Sacode as penas, Leviatã do espaço,
Albatroz! Albatroz! dá-me estas asas.

II

Que importa do nauta o berço,
Donde é filho, qual seu lar?
Ama a cadência do verso
Que lhe ensina o velho mar!
Cantai! que a morte é divina!
Resvala o brigue à bolina
Como golfinho veloz.
Presa ao mastro da mezena
Saudosa bandeira acena
Às vagas que deixa após.

Do Espanhol as cantilenas
Requebradas de langor,
Lembram as moças morenas,
As andaluzas em flor!
Da Itália o filho indolente
Canta Veneza dormente,
– Terra de amor e traição,
Ou do golfo no regaço
Relembra os versos de Tasso,
Junto às lavas do vulcão!

O Inglês – marinheiro frio,
Que ao nascer no mar se achou,
(Porque a Inglaterra é um navio,
Que Deus na Mancha ancorou),
Rijo entoa pátrias glórias,
Lembrando, orgulhoso, histórias
De Nelson e de Aboukir...
O Francês – predestinado –
Canta os louros do passado
E os loureiros do porvir!

Os marinheiros Helenos,
Que a vaga iônia criou,
Belos piratas morenos
Do mar que Ulisses cortou,
Homens que Fídias talhara,
Vão cantando em noite clara
Versos que Homero gemeu ...
Nautas de todas as plagas,
Vós sabeis achar nas vagas
As melodias do céu!...

III

Desce do espaço imenso, ó águia do oceano!
Desce mais... inda mais... não pode olhar humano
Como o teu mergulhar no brigue voador!
Mas que vejo eu aí... Que quadro d'amarguras!
Que canto funeral! ... Que tétricas figuras! ...
Que cena infame e vil... Meu Deus! Meu Deus! Que horror!

IV

Era um sonho dantesco... o tombadilho
Que das luzernas avermelha o brilho.
     Em sangue a se banhar.

CASTRO ALVES

Tinir de ferros... estalar de açoite...
Legiões de homens negros como a noite,
   Horrendos a dançar...

Negras mulheres, suspendendo às tetas
Magras crianças, cujas bocas pretas
   Rega o sangue das mães:
Outras moças, mas nuas e espantadas,
No turbilhão de espectros arrastadas,
   Em ânsia e mágoa vãs!

E ri-se a orquestra irônica, estridente...
E da ronda fantástica a serpente
   Faz doidas espirais ...
Se o velho arqueja, se no chão resvala,
Ouvem-se gritos... o chicote estala.
   E voam mais e mais...

Presa nos elos de uma só cadeia,
A multidão faminta cambaleia,
   E chora e dança ali!
Um de raiva delira, outro enlouquece,
Outro, que de martírios embrutece,
   Cantando, geme e ri!

No entanto o capitão manda a manobra,
E após fitando o céu que se desdobra,
Tão puro sobre o mar,
Diz do fumo entre os densos nevoeiros:
"Vibrai rijo o chicote, marinheiros!
Fazei-os mais dançar!..."

E ri-se a orquestra irônica, estridente...
E da ronda fantástica a serpente
Faz doidas espirais...
Qual um sonho dantesco as sombras voam!...
Gritos, ais, maldições, preces ressoam!
E ri-se Satanás!...

V

Senhor Deus dos desgraçados!
Dizei-me vós, Senhor Deus!
Se é loucura... se é verdade
Tanto horror perante os céus?!
Ó mar, por que não apagas
Co'a esponja de tuas vagas
De teu manto este borrão?...
Astros! noites! tempestades!
Rolai das imensidades!
Varrei os mares, tufão!

Quem são estes desgraçados
Que não encontram em vós
Mais que o rir calmo da turba
Que excita a fúria do algoz?
Quem são? Se a estrela se cala,
Se a vaga à pressa resvala
Como um cúmplice fugaz,
Perante a noite confusa...
Dize-o tu, severa Musa,
Musa libérrima, audaz!...

São os filhos do deserto,
Onde a terra esposa a luz.
Onde vive em campo aberto
A tribo dos homens nus...
São os guerreiros ousados
Que com os tigres mosqueados
Combatem na solidão.
Ontem simples, fortes, bravos.
Hoje míseros escravos,
Sem luz, sem ar, sem razão...

São mulheres desgraçadas,
Como Agar o foi também.
Que sedentas, alquebradas,
De longe... bem longe vêm...
Trazendo com tíbios passos,
Filhos e algemas nos braços,
N'alma – lágrimas e fel...
Como Agar sofrendo tanto,
Que nem o leite de pranto
Têm que dar para Ismael.

Lá nas areias infindas,
Das palmeiras no país,
Nasceram crianças lindas,
Viveram moças gentis...
Passa um dia a caravana,
Quando a virgem na cabana
Cisma da noite nos véus ...
... Adeus, ó choça do monte,
... Adeus, palmeiras da fonte!...
... Adeus, amores... adeus!...

Depois, o areal extenso...
Depois, o oceano de pó.

Depois no horizonte imenso
Desertos... desertos só...
E a fome, o cansaço, a sede...
Ai! quanto infeliz que cede,
E cai p'ra não mais s'erguer!...
Vaga um lugar na cadeia,
Mas o chacal sobre a areia
Acha um corpo que roer.

Ontem a Serra Leoa,
A guerra, a caça ao leão,
O sono dormido à toa
Sob as tendas d'amplidão!
Hoje... o porão negro, fundo,
Infecto, apertado, imundo,
Tendo a peste por jaguar...
E o sono sempre cortado
Pelo arranco de um finado,
E o baque de um corpo ao mar...

Ontem plena liberdade,
A vontade por poder...
Hoje... cúm'lo de maldade,
Nem são livres p'ra morrer.

Prende-os a mesma corrente
– Férrea, lúgubre serpente –
Nas roscas da escravidão.
E assim zombando da morte,
Dança a lúgubre coorte
Ao som do açoite... Irrisão!...

Senhor Deus dos desgraçados!
Dizei-me vós, Senhor Deus,
Se eu deliro... ou se é verdade
Tanto horror perante os céus?!...
Ó mar, por que não apagas
Co'a esponja de tuas vagas
Do teu manto este borrão?
Astros! noites! tempestades!
Rolai das imensidades!
Varrei os mares, tufão! ...

VI

E existe um povo que a bandeira empresta
P'ra cobrir tanta infâmia e cobardia!...
E deixa-a transformar-se nessa festa
Em manto impuro de bacante fria!...

Meu Deus! meu Deus! mas que bandeira é esta,
Que impudente na gávea tripudia?
Silêncio. Musa... chora, e chora tanto
Que o pavilhão se lave no teu pranto! ...

Auriverde pendão de minha terra,
Que a brisa do Brasil beija e balança,
Estandarte que a luz do sol encerra
E as promessas divinas da esperança...
Tu que, da liberdade após a guerra,
Foste hasteado dos heróis na lança
Antes te houvessem roto na batalha,
Que servires a um povo de mortalha!...

Fatalidade atroz que a mente esmaga!
Extingue nesta hora o brigue imundo
O trilho que Colombo abriu na vaga,
Como um íris no pélago profundo!
Mas é infâmia demais! ... Da etérea plaga
Levantai-vos, heróis do Novo Mundo!
Andrada! arranca esse pendão dos ares!
Colombo! fecha a porta dos teus mares!

São Paulo, 18 de abril de 1868

Vozes d'África*

Deus! ó Deus! onde estás que não respondes?
Em que mundo, em qu'estrela tu t'escondes
   Embuçado nos céus?
Há dois mil anos te mandei meu grito,
Que embalde desde então corre o infinito...
   Onde estás, Senhor Deus?...

Qual Prometeu tu me amarraste um dia
Do deserto na rubra penedia
   – Infinito: galé! ...
Por abutre – me deste o sol candente,
E a terra de Suez – foi a corrente
   Que me ligaste ao pé...

O cavalo estafado do Beduíno
Sob a vergasta tomba ressupino
   E morre no areal.
Minha garupa sangra, a dor poreja,
Quando o chicote do *simoun* dardeja
   O teu braço eternal.

---

* *In: Obra Completa.* [*Os Escravos*]. Org. Eugênio Gomes. Rio de Janeiro: Nova Aguilar, 1960, pp. 290-3.

CASTRO ALVES

Minhas irmãs são belas, são ditosas...
Dorme a Ásia nas sombras voluptuosas
   Dos haréns do Sultão.
Ou no dorso dos brancos elefantes
Embala-se coberta de brilhantes
   Nas plagas do Hindustão.

Por tenda tem os cimos do Himalaia...
O Ganges amoroso beija a praia
   Coberta de corais ...
A brisa de Misora o céu inflama;
E ela dorme nos templos do Deus Brama,
   – Pagodes colossais...

A Europa é sempre Europa, a gloriosa! ...
A mulher deslumbrante e caprichosa,
   Rainha e cortesã.
Artista – corta o mármor de Carrara;
Poetisa – tange os hinos de Ferrara,
   No glorioso afã!...

Sempre a láurea lhe cabe no litígio...
Ora uma c'roa, ora o barrete frígio
   Enflora-lhe a cerviz.

Universo após ela – doido amante
Segue cativo o passo delirante
    Da grande meretriz.

....

Mas eu, Senhor!... Eu triste abandonada
Em meio das areias desgarrada,
    Perdida marcho em vão!
Se choro... bebe o pranto a areia ardente;
talvez... p'ra que meu pranto, ó Deus clemente!
    Não descubras no chão...

E nem tenho uma sombra de floresta...
Para cobrir-me nem um templo resta
    No solo abrasador...
Quando subo às Pirâmides do Egito
Embalde aos quatro céus chorando grito:
    "Abriga-me, Senhor!..."

Como o profeta em cinza a fronte envolve,
Velo a cabeça no areal que volve
    O siroco feroz...
Quando eu passo no Saara amortalhada...
Ai! dizem: "Lá vai África embuçada

CASTRO ALVES

No seu branco Albornoz..."
Nem veem que o deserto é meu sudário,
Que o silêncio campeia solitário
    Por sobre o peito meu.
Lá no solo onde o cardo apenas medra
Boceja a Esfinge colossal de pedra
    Fitando o morno céu.

De Tebas nas colunas derrocadas
As cegonhas espiam debruçadas
    O horizonte sem fim ...
Onde branqueia a caravana errante,
E o camelo monótono, arquejante
    Que desce de Efraim
....

Não basta inda de dor, ó Deus terrível?!
É, pois, teu peito eterno, inexaurível
    De vingança e rancor?...
E que é que fiz, Senhor? que torvo crime
Eu cometi jamais que assim me oprime
    Teu gládio vingador?!
....

Foi depois do dilúvio... um viandante,
Negro, sombrio, pálido, arquejante,
　　Descia do Arará...
E eu disse ao peregrino fulminado:
"Cã!... serás meu esposo bem-amado...
　　– Serei tua Eloá..."

Desde este dia o vento da desgraça
Por meus cabelos ululando passa
　　O anátema cruel.
As tribos erram do areal nas vagas,
E o nômade faminto corta as plagas
　　No rápido corcel.

Vi a ciência desertar do Egito...
Vi meu povo seguir – Judeu maldito –
　　Trilho de perdição.
Depois vi minha prole desgraçada
Pelas garras d'Europa – arrebatada –
　　Amestrado falcão! ...

Cristo! embalde morreste sobre um monte
Teu sangue não lavou de minha fronte
　　A mancha original.

Ainda hoje são, por fado adverso,
Meus filhos – alimária do universo,
Eu – pasto universal...
Hoje em meu sangue a América se nutre
Condor que transformara-se em abutre,
    Ave da escravidão,
Ela juntou-se às mais... irmã traidora
Qual de José os vis irmãos outrora
    Venderam seu irmão.

Basta, Senhor! De teu potente braço
Role através dos astros e do espaço
    Perdão p'ra os crimes meus!
Há dois mil anos eu soluço um grito...
Escuta o brado meu lá no infinito,
    Meu Deus! Senhor, meu Deus!...

São Paulo, 11 de junho de 1868

A Queimada*

Meu nobre perdigueiro! vem comigo.
Vamos a sós, meu corajoso amigo,
   Pelos ermos vagar!
Vamos lá dos gerais, que o vento açoita,
Dos verdes capinais n'agreste moita
   A perdiz levantar!...

Mas não!... Pousa a cabeça em meus joelhos...
Aqui, meu cão!... Já de listrões vermelhos
   O céu se iluminou.
Eis súbito da barra do ocidente,
Doido, rubro, veloz, incandescente,
   O incêndio que acordou!

A floresta rugindo as comas curva...
As asas foscas o gavião recurva,
   Espantado a gritar.
O estampido estupendo das queimadas
Se enrola de quebradas em quebradas,
   Galopando no ar.

---

* *In: Obra Completa.* [*A Cachoeira de Paulo Afonso*]. Org. Eugênio Gomes. Rio de Janeiro: Nova Aguilar, 1960, pp. 319-20 .

CASTRO ALVES

E a chama lavra qual jiboia informe,
Que, no espaço vibrando a cauda enorme,
 Ferra os dentes no chão...
Nas rubras roscas estortega as matas...,
Que espadanam o sangue das cascatas
 Do roto coração!...

O incêndio – leão ruivo, ensanguentado,
A juba, a crina atira desgrenhado
 Aos pampeiros dos céus!...
Travou-se o pugilato... e o cedro tomba...
Queimado..., retorcendo na hecatomba
 Os braços para Deus.

A queimada! A queimada é uma fornalha!
A irara – pula; o cascavel – chocalha...
 Raiva, espuma o tapir!
...E às vezes sobre o cume de um rochedo
A corça e o tigre – náufragos do medo –
 Vão trêmulos se unir!

Então passa-se ali um drama augusto...
N'último ramo do pau-d'arco adusto
 O jaguar se abrigou...
Mas rubro é o céu... Recresce o fogo em mares...
E após... tombam as selvas seculares...
 E tudo se acabou!...

BIBLIOGRAFIA

Do Autor

Espumas Flutuantes. Bahia: Camilo Lellis Masson, 1870.

Gonzaga, ou a Revolução de Minas. Rio de Janeiro: Cruz Coutinho, 1875.

A Cachoeira de Paulo Afonso. Bahia: Imprensa Econômica, 1876.

Os Escravos. Rio de janeiro: Tipografia da Escola Serafim José Alves, 1883.

Obra Completa. Org. Eugênio Gomes. Rio de Janeiro: Nova Aguilar, 1960.

Sobre o Autor

HADDAD, Jamil Almansur. *Revisão de Castro Alves*. São Paulo: Editora Saraiva, 1953, 3 vols.

MARQUES, Xavier. *Vida de Castro Alves*. Salvador: Tipografia Baiana de Cincinnato, 1911.

MATTOS, Waldemar de. *A Bahia de Castro Alves*. São Paulo: Instituto Progresso Editorial, 1948.

PEIXOTO, Afrânio. *Castro Alves: o Poeta e o Poema*. Paris: Ailland & Bertrand, 1922.

RODRIGUES, H. Ferreira Lopes. *Castro Alves*. Rio de Janeiro: Editora Pongetti, Rio de Janeiro, s/d, 3 vols.

SILVA, Alberto da Costa e. *Castro Alves*. São Paulo: Companhia das Letras, 2006.

IMPRENSA OFICIAL DO ESTADO DE SÃO PAULO

Coordenação Editorial: *Cecília Scharlach*
Assistente Editorial: *Viviane Vilela*

Impressão e Acabamento: *Imprensa Oficial do Estado S/A – IMESP*

Proibida a reprodução total ou parcial sem a autorização
prévia dos editores

Direitos reservados e protegidos
(lei nº 9.610, de 19.02.1998)

Foi feito o depósito legal na Biblioteca Nacional
(lei nº 10.994, de 14.12.2004)

Impresso no Brasil
1ª reimpressão, 2019

Formato: *13 x 18,5 cm*
Tipologia: *Caslon*
Papel Capa: *Cartão Triplex 250 g/m²*
Miolo: *Polén Soft 80 g/m²*
Número de páginas: *64*
Tiragem: *500*

Rua da Mooca, 1.921 Mooca
03103 902 São Paulo SP
sac 0800 01234 01
www.imprensaoficial.com.br

GOVERNO DO ESTADO DE SÃO PAULO

Governador: *João Doria*

Vice-governador: *Rodrigo Garcia*

IMPRENSA OFICIAL DO ESTADO DE SÃO PAULO

Diretor-presidente: *Nourival Pantano Júnior*